BIBLIOTHÈQUE

de

Mme Sarah Bernhardt

Deuxième partie

Commissaires-priseurs :

Me F. LAIR DUBREUIL à Paris, 6, rue Favart	Me ANDRÉ BENOIST à Paris, 17, rue Grange-Batelière

Assistés de

M. HENRI LECLERC Expert	M. L. GIRAUD-BADIN Libraire de la Bibliothèque Nationale 219, rue Saint-Honoré, 219

et de

M. LOYS DELTEIL

2, rue des Beaux-Arts, 2

1923

LIVRES ANCIENS

ET

MODERNES

LA VENTE AURA LIEU

Le Mardi 3 Juillet 1923

A 2 heures précises

HOTEL DES COMMISSAIRES-PRISEURS, 9, RUE DROUOT

SALLE N° 1

Par le ministère de

Me F. LAIR DUBREUIL,	Me ANDRÉ BENOIST
Commissaire-priseur	Commissaire-priseur
à Paris, 6, rue Favart	à Paris, 17, rue Grange-Batelière

Assistés de

M. HENRI LECLERC	M. L. GIRAUD-BADIN
Expert	Libraire de la Bibliothèque Nationale

219, rue Saint-Honoré, 219

Les estampes et portraits (Nos 708 à 749) seront mis sur table par

M. LOŸS DELTEIL

Graveur expert

2, rue des Beaux-Arts, 2

VOIR L'ORDRE DE LA VACATION A LA FIN DU CATALOGUE

CONDITIONS DE LA VENTE

La vente se fait au comptant.

Les adjudicataires paieront 12,50 pour 100 en sus des enchères pour les livres modernes non soumis à la taxe de luxe et 17,50 pour 100 pour ceux soumis à cette taxe, pour les livres anciens, pour les dessins, et pour les estampes au-dessus de 100 francs.

Les livres vendus devront être collationnés dans les vingt-quatre heures de l'adjudication. Passé ce délai, ils ne seront repris pour aucune cause.

MM. Leclerc, Giraud-Badin et Delteil se réservent la faculté, dans l'intérêt de la vente, de réunir ou de diviser les numéros du catalogue. Ils rempliront les commissions qu'on voudra bien leur confier.

Les estampes, dessins et portraits pourront être examinés chez M. L. Delteil, 2, rue des Beaux-Arts.

BIBLIOTHÈQUE
DE MME SARAH BERNHARDT

DEUXIÈME PARTIE

OUVRAGES ANCIENS ET MODERNES
SUR LES BEAUX-ARTS ET LE COSTUME
LIVRES MODERNES
DANS TOUS LES GENRES
VOYAGES
DESSINS, ESTAMPES ET PORTRAITS

PARIS
LIBRAIRIE HENRI LECLERC
L. GIRAUD-BADIN
Libraire de la Bibliothèque Nationale
Successeur
219, RUE SAINT-HONORÉ, 219

1923

BEAUX-ARTS

COSTUMES CIVILS ET MILITAIRES

(Ouvrages anciens et modernes.)

544. ABBATE (Washington). Al-Achoura (croquis de l'auteur). *Le Caire, Imprimerie Franco-Egyptienne,* 1888, in-4, en feuilles, dans un carton toile rouge.

Illustrations à chaque page, tirées en diverses couleurs.
L'exemplaire renferme une suite sur papier mince teinté, de toutes les planches ; le texte de ces planches s'y trouve également reproduit.
Hommage autographe de l'auteur à Mme Sarah Bernhardt.
Photographie ajoutée, représentant une scène de la vie des indigènes, au Caire.

545. ALBUM JAPONAIS, in-4, recouvert d'étoffe brochée sous un emboîtage avec fermoirs en os.

54 figures de paysages avec nombreux petits personnages.

546. ARCHITECTURE EN FRANCE. Monuments historiques du XIe siècle jusqu'à nos jours. *Paris, A. Guérinet, s. d.* (1896), 3 vol. in-4, en feuilles dans des cartons.

Extérieurs : pl. 1 à 146. — Intérieurs : 86 pl.

547. ART ET DÉCORATION. Revue mensuelle d'art moderne, publiée sous la direction de MM. Puvis de Chavannes, Vaudremer, Grasset, Jean-Paul Laurens, L.-O. Merson, Frémiet, etc. De la première année (1897) à la sixième année (1902). *Paris, Émile Lévy,* 1897-

1902, 12 vol. gr. in-8, demi-rel. mar. rouge, dos à nerfs et chiffre, tête dor., couvertures (*Franz*).

Nombreuses illustrations, en phototypie, dans le texte et hors texte.

548. BLANC (Charles). L'Œuvre de Rembrandt décrit et commenté. Catalogue raisonné de toutes les estampes du maître et de ses peintures. *Paris, Lévy*, 1873, 2 vol. in-4, dos et coins mar. vert, tête dor., non rognés.

40 eaux-fortes par *Flameng* et 35 héliogravures *d'Amand Durand*.

549. BRODERIES exécutées par Mme Anna Roth, à Bucarest, 1893-1903. *S. l. Etablissement Graphique Taranu et Cie, s. d.*, album in-fol., cartonn. gainé en grosse étamine dor., les plats couverts d'un décor à répétition formé d'entrelacs vert clair renfermant chacun une fleur mauve avec croix blanches dans les intersections des motifs, le tout brodé au passé, doublé et gardes de satin jaune d'or, tr. dor.

Bel album luxueusement édité renfermant 31 planches d'après les plus belles broderies roumaines appartenant à la Maison Royale, aux églises, aux couvents et aux collections particulières.

L'album contient un travail exécuté à l'intention de Mme Sarah Bernhardt par Mme Anna Roth ; large médaillon (0^m^,34 de diamètre) représentant un profil de femme couronnée de feuillages, le tout en broderie de soie, sur un fond bleu treillissé de fils d'or ; cette composition s'est inspirée de la figure de *Mucha* pour *Gismonda*.

Le décor brodé sur la reliure reproduit un riche ornement d'autel, propriété du monastère de Sinaïa.

550. CARDERERA Y SOLANO (Valentin). Iconografia española. Coleccion de retratos, estatuas, mausoleos y demas monumentos inéditos de reyes, reinas, grandes capitanes, escritores, etc., desde el siglo XI hasta el XVII. *Madrid, Imprenta de don Ramon Campuzano*, 1855-1864, 2 vol. in-fol., mar. rouge clair, tête dor., non rogné.

92 planches hors texte dont un certain nombre sont tirées en couleurs ; plusieurs planches en noir sont tirées sur papier de Chine.

Monogramme de Mme Sarah Bernhardt, frappé au dos des deux volumes.

551. CHEFS-D'ŒUVRE DE L'ART ANTIQUE, architecture, peinture, statues, bronzes, vases, médailles, etc., tirés principalement du musée royal de Naples. Première série. Monuments de la vie des anciens. Texte par M. Robiou. — Deuxième série. Monuments de la

peinture et de la sculpture. 3 vol. *Paris, A. Lévy*, 1867, 7 vol. pet. in-4, dos et coins mar. rouge, têt. dor., ébarbés.

Ouvrage remarquablement documenté, orné de 732 planches hors texte gravées au trait.
Initiales S. B. frappées au dos de chaque volume.

552. CHILD (Théodore). Les Peintres de la jeunesse. 60 gravures sur bois par Méaulle. *Paris, Ducrocq, s. d.* (1890), in-8, broché.

47 planches hors texte, ornements et culs-de-lampe.

553. CIMETIÈRE D'HERPES. Société archéologique et historique de la Charente : cimetière d'Herpes ; fouilles et collection Ph. Delamain. Annexe. Bulletin 1890-1891, 26 pl. in-4, dans un carton demi-toile.

144 sujets reproduits en chromolithographie.
Le cartonnage porte dans le haut l'hommage autographe de M. Paul Mourrier.

554. CLÉMENT (Charles). Gleyre, étude biographique et critique avec le catalogue raisonné de l'œuvre du Maître. Ouvrage orné de 30 photogravures. *Paris, Didier et Cie*, 1878, in-8, broché.

555. COLLECTION BASILEWSKI. Catalogue raisonné précédé d'un essai sur les arts industriels du Ier au XVIe siècle, par A. Darcel et A. Basilewski. *Paris, Vve A. Morel et Cie*, 1874, in-4, cartonné.

Album seul, contenant 50 planches en héliogravure et en chromolithographie.

556. COLLECTION SPITZER (La). Antiquité. Moyen-âge. Renaissance. *Paris, Quantin, Londres, Davis*, 1890-1892, 6 vol. in-fol., en feuilles, dans des cartons de toile verte, titre et fil. dor.

Texte par MM. Froehner, Darcel, Palustre, Eug. Müntz et Em. Molinier.
Belle publication ornée de 351 planches en héliogravure dont un certain nombre sont tirées en couleurs.

557. CROSNIER (Jules). Bessinge. Nos anciens et leurs œuvres ; recueil genevois d'art. *Genève, J. Crosnier*, 1908, in-4, broché.

Description du château de Bessinge et des richesses artistiques qu'il renferme. Belles illustrations en phototypie hors texte, reproductions de photographies dans le texte.

Un des 200 exemplaires imprimés sur papier vélin glacé.

Cet envoi autographe sur le faux titre :

A Madame Sarah Bernhardt
A la grande Amie dont la chère présence
illumine toujours de joie le vieux Bessinge
TRONCHIN.

(M. H. Tronchin, descendant de l'illustre famille du même nom, est le possesseur actuel du domaine de Bessinge.)

558. CROWE (J.-A.) et G.-B. CAVALCASELLE. Les Anciens peintres flamands, leur vie et leurs œuvres. Traduit de l'anglais par O. Delepierre. Annoté et augmenté de documents inédits par Alex. Pinchart et Ch. Ruelens. *Bruxelles, Heussner*, 1862-1863, 2 tomes en 1 vol. in-8, fig. hors texte, demi-rel. chag. brun, dos orné.

Sur un faux titre l'envoi suivant :

A Sarah Bernhardt,
au nom de nos « Vieux maîtres »
un Cicerone reconnaissant
Bruxelles-Anvers, 16-18 Décembre 1876
C. RUELENS.

559. DAYOT (Armand). L'Image de la Femme. *Paris, Hachette et Cie, s. d.* (1899), in-4, demi-rel. mar. rouge, fil., dos orné et chiffre, tête dor., non rogné, couverture (*Franz*).

Frontispice en couleurs et très nombreuses reproductions de figures sculptées et des plus beaux portraits de la femme de l'antiquité à nos jours.

(Une reproduction du portrait en médaillon de Sarah Bernhardt exécuté par Lalique d'après Spindler est donnée page 386.)

Sur le faux titre, *hommage autographe* de l'auteur à Mme Sarah Bernhardt.

560. DOUBLE (Bon Lucien). Promenade à travers deux siècles et quatorze salons. *Paris, Imprimerie Ch. Noblet*, 1878, gr. in-8, cartonn. demi-mar. rouge, le monogramme S. B. frappé au dos, non rogné (*Franz*).

Catalogue de la collection du baron Léopold Double, rédigé et annoté par son fils ; n'a pas été mis dans le commerce.

Portrait de M. Léopold Double gravé par *G. Staal* et 32 planches hors texte par *Jacquemart, Flameng, Gaucherel*, etc.

561. EPHRUSSI (Charles). Étude sur le triptyque d'Albert Durer dit le Tableau d'autel de Heller, Avec 25 gravures tirées hors texte. *Paris*

Imprimerie de D. Jouaust, 1876, in-4, papier de Hollande, demi-rel. mar. rouge, dos orné, portant au bas le monogramme S. B., têt. dor., non rogné, couverture (*Franz*).

Hommage autographe « de respect et d'admiration » de l'auteur à Mme Sarah Bernhardt.

562. EPHRUSSI (Charles). Albert Dürer et ses dessins. *Paris, Quantin*, 1882, fort vol. pet. in-4, demi-rel. mar. bleu, dos orné et chiffre, non rogné.

32 planches hors texte et nombreuses reproductions dans le texte.
Exemplaire imprimé sur **papier de Hollande**, non numéroté, renferfermant UNE DOUBLE SUITE, avec et AVANT la lettre, des planches hors texte.
Sur le faux titre, hommage autographe « de profonde admiration et d'affection respectueuse » de l'auteur à Mme Sarah Bernhardt.

563. ESPAGNE THÉRÉSIENNE (L') ou Pèlerinage d'un Flamand à toutes les fondations de Sainte Thérèse, deuxième édition revue et augmentée. *Gand et Bruxelles, chez les Carmes Déchaussés, s. d.*, in-4 oblong, toile brune.

29 planches gravées au trait.
Sur le faux titre cet envoi autographe :

à la Révérende Teresa de Jésus, —
dans le siècle, — Doña Sarah Teresa Bernhardt
de Ahumada, en son Carmel du Châtelet.
EDMOND CLUNET.

564. EXPOSITION CENTENNALE de l'Art français, 1800-1900. Texte par Émile Molinier, Roger Marx et Frantz Marcou. *Paris, Émile Lévy*, 1900, 4 livraisons in-4, en feuilles, sous couvertures imprimées.

100 planches hors texte et nombreuses reproductions dans le texte.
Edition de luxe tirée à 20 exemplaires numérotés. Celui-ci, n° 4, est au nom de Mme Sarah Bernhardt.

565. EXPOSITION UNIVERSELLE DE 1900. Exposition rétrospective de l'Art français des origines à 1800, par Émile Molinier et Frantz Marcou. *Paris, Émile Lévy*, 1900, 4 fascicules in-4, en feuilles, sous couvertures imprimées.

100 planches hors texte et nombreuses reproductions dans le texte.
Edition de luxe tirée à 20 exemplaires numérotés. Celui-ci, n° 4, est au nom de Mme Sarah Bernhardt.

566. EXPOSITION UNIVERSELLE DE 1900 à Paris. Le Bilan d'un siècle (1801-1900) par Alfred Picard. *Paris, Imprimerie Nationale,* 1906, 5 vol. — Rapport général administratif et technique (tomes 1, 4, 6, 7 et annexes). *Ibid., id.,* 1902-1907, 5 vol. — Ens. 10 vol. gr. in-8, brochés.

Nombreuses illustrations.

567. FONTENAY (Eugène). Les Bijoux anciens et modernes. Préface par M. Victor Champier. Ouvrage illustré de 700 dessins inédits exécutés par M. Saint-Elme Gautier. *Paris, Quantin,* 1887, gr. in-8, dos et coins mar. bleu, dos orné et chiffre, tête dor., non rogné.

568. FOUCQUET (Jehan). Heures de maistre Estienne Chevalier. Texte restitué par M. l'abbé Delaunay. *Paris, Curmer,* 1866, 2 vol. in-4, cartonn. toile maroquinée rouge, fil. à froid, initiales S. B. au dos de chaque volume, non rognés.

Reproduction en chromolithographie des miniatures et des bordures encadrant chaque page du texte du manuscrit.

569. GARNIER (Édouard). La Porcelaine tendre de Sèvres. 50 planches reproduisant 250 motifs en aquarelle d'après les originaux. Avec une notice historique. *Paris, Quantin, s. d.* (1889-1891), gr. in-4, en feuilles dans le carton de l'éditeur, dos et coins toile bleue, fil. et titre dor.

50 planches offrant un grand nombre de reproductions, tirées en couleurs et or.

570. GEFFROY (Gustave). Les Musées d'Europe. Rome. Le Vatican. La Chapelle Sixtine. Michel-Ange. 44 illustrations hors texte et 155 illustrations dans le texte. Couverture de F. de Marliave. *Paris, Nilsson, s. d.,* in-4, chag. poli vert foncé, les plats ornés de vignettes tirées en or d'après les illustrations de la couverture, têt. dor. (*Rel. de l'éditeur*).

Très nombreuses illustrations hors texte et dans le texte en phototypie.

571. GILLE (Philippe) et Marcel LAMBERT. Versailles et les deux Trianons. *Tours, Mame et fils,* 1899-1900, 2 vol. in-fol, dos et coins mar. vert, dos ornés.

Nombreuses planches hors texte et illustrations dans le texte.
La couverture du tome II est conservée.
Exemplaire bien relié.

572. GUIFFREY (Jules). Histoire de la tapisserie depuis le Moyen-Age jusqu'à nos jours. *Tours, Mame et fils,* 1886, gr. in-8, dos et coins mar. rouge, dos orné, têt. dor., non rogné.

Nombreuses figures dans le texte et 4 planches hors texte en lithographie en couleurs.

573. HEYMAN (Maurice). Symphonies d'expressions. Vingt-six études dessinées d'après nature. Introduction par Robert Vallier. *Paris, Plon, Nourrit et Cie*, 1895, album pet. in-4, en feuilles, dans un carton dos et coins toile bleue.

26 planches en héliogravure représentant les effets de passions diverses sur la physionomie d'un même individu.

574. HOUSSAYE (Henry). Histoire d'Apelles. *Paris, Didier et Cie*, 1868, in-12, demi-mar. bleu foncé, dos orné et chiffre, tr. jasp. (*Franz*).

L'exemplaire porte sur le faux titre l'envoi autographe suivant :

A cette grande artiste
Sarah Bernhardt,
fille préférée de Melpomène et de
Thalie, sœur de Psyché, par la beauté,
l'âme et la lampe
Henry Houssaye.

575 [JOMBERT] (Ch.-Ant.). Nouvelle Méthode pour apprendre à dessiner sans maître. Enrichi de cent vingt planches. *Paris, Jombert,* 1740, in-4, veau marb., initiales S. B. frappées dans un angle, dos orné, tr. rouges (*Rel. mod.*).

Vignettes, culs-de-lampe et 120 planches.
Première édition.

576. KLUMPKE (Anna). Rosa Bonheur, sa vie, son œuvre. *Paris, Flammarion,* 1908, gr. in-8, broché.

Ouvrage orné d'un portrait et de 6 planches en héliogravure et de nombreuses reproductions dans le texte.

Sur le feuillet de garde, *hommage autographe* d'Anna Klumpke « à la chère et illustre artiste Sarah Bernhardt ».

577. LABARTE (Jules). Histoire des arts industriels au moyen âge et à l'époque de la Renaissance. *Paris, Vve A. Morel et Cie*, 1872-1875, 3 vol. in-4, demi-mar. grenat, tr. jasp.

Seconde édition, ornée d'un frontispice, de 79 planches hors texte et de vignettes dans le texte.
Raccommodage au titre du tome I.
Initiales S. B. frappées au dos de chaque volume.

578. LACHAU (l'Abbé de). Dissertation sur les attributs de Vénus. *Paris, Prault,* 1776, in-4, mar. La Vall. jans., initiales S. B. frappées au bas du dos, dent. int., doubles gardes, tr. dor. (*Gruel*).

Belle gravure représentant *Vénus Anadyomède* d'après *Titien,* gravée par *Saint-Aubin,* 13 vignettes dans le texte, 1 pl. de médailles, fleuron, en-tête, et cul-de-lampe.

Bel exemplaire relié sur brochure, possédant l'épreuve de Vénus avant la bordure et la coquille.

579. LACROIX (Paul). Les Arts au Moyen Age et à l'époque de la Renaissance. — xviiie siècle. Institutions, usages et costumes. France 1700-1789. Lettres, sciences et arts, 2 vol. *Paris, Firmin-Didot et Cie,* 1874-1878, ens. 3 vol. gr. in-8, reliure ou cartonn. des éditeurs.

Illustré de plus de 1 000 gravures sur bois dans le texte et hors texte, et de 50 planches hors texte en chromolithographie.

Le premier ouvrage est relié dos et coins mar. rouge, les deux autres dans le cartonnage des éditeurs, dos de chag., plats de toile rouge avec fers spéciaux.

Initiales de Mme Sarah Bernhardt ajoutées au dos des reliures.

580. LIÈVRE (Edouard). Les Arts décoratifs à toutes les époques. *Paris, Vve Morel et Cie,* 1870, 2 vol. in-fol. demi-rel. mar. rouge, dos ornés et chiffr. têt. dor., non rognés.

120 planches gravées à l'eau-forte ou en chromolithographie.

581. LORBAC (Charles de). Saint-Pierre de Rome. Ouvrage illustré de plus de 130 gravures sur bois, entièrement inédites. *Rome, Bocca frères, s. d.,* gr. in-8, dos et coins de vélin blanc, fil., dos orné, chiffre, plats de toile bleue, tr. rouges.

Sur le faux titre :

A Sarah Bernhardt
en souvenir de son passage à Rome.
Charles de Lorbac.
Rome, 15 mars 1882.

582. LUBBOCK (Sir John). L'Homme préhistorique, étudié d'après les monuments retrouvés dans les différentes parties du monde. Edition traduite sur la troisième édition anglaise par Ed. Barbier. *Paris, Germer Baillière,* 1876, in-8, demi-rel. vélin blanc, dos orné, non rogné (*Franz*).

Edition illustrée de 256 figures dans le texte.

L'exemplaire porte au dos le chiffre de Mme Sarah Bernhardt.

583. MENPES (Mortimer). World Pictures. Textes by Dorothy Menpes. *London, A. et C. Black*, 1902, in-8, cartonn. toile rouge, ornements et titre tirés en noir et or sur le premier plat, têt. dor., non rogné (*Cartonn. des éditeurs*).

100 planches hors texte, la plupart tirées en couleurs et illustrations dans le texte.
Envoi autographe : « from Lily, to Madame Sarah Bernhardt ».

584. MOLINIER (Emile). Le Mobilier royal français aux XVIIe et XVIIIe siècles. *Paris, Manzi, Joyant et Cie*, 1902, 10 fasc. gr. in-4, dans 2 étuis de mar. grenat.

Très belle publication ornée de planches hors texte dont plusieurs tirées en couleurs et publiée à 200 exemplaires de luxe sur papier de Hollande.

585. MOLINIER (Emile). Musée du Louvre. Le Mobilier français du XVIIe et du XVIIIe siècle. *Paris, Lévy, s. d.* (1903), gr. in-4, en feuilles, dans le carton de l'éditeur.

100 reproductions en photogravure, en noir et en couleurs.

586. OSTINI (Fritz von). Münchener Kunst in fünfzig farbigen Reproduktionen, *Leipzig, Seemann*, 1906, in-4, cartonn cretonne bleue, médaillon central.

50 reproductions, en couleurs, de tableaux de peintres modernes.

587. PARIS A TRAVERS LES AGES. Aspects successifs des monuments et quartiers historiques de Paris depuis le XIIIe siècle jusqu'à nos jours fidèlement restitués d'après les documents authentiques par M. F. Hoffbauer, architecte. Texte par A. Bonnardot, J. Cousin, E. Drumont, Ed. Fournier, Franklin, P. Lacroix, etc. Deuxième édition. *Paris, Librairie de Firmin-Didot et Cie*, 1885, 2 vol. in-fol., dos et coins mar. rouge, fil., dos ornés, têt. dor., non rognés.

92 planches hors texte en couleurs et en noir.
L'exemplaire porte, sur un angle du premier plat de chaque volume, le chiffre de Mme Sarah Bernhardt.

588. PEINTURES CHINOISES. Album in-4, sous une couverture en papier fauve, parcheminé.

86 aquarelles originales de la fin du XVIIIe siècle.

589. PERROT (Georges) et Charles CHIPIEZ. Histoire de l'art dans

l'antiquité. Égypte, Assyrie, Perse, Asie Mineure, Grèce, Étrurie, Rome. *Paris, Hachette et Cie*, 1882-1890, 5 vol. gr. in-8, dos et coins mar. rouge, dos ornés, têt. dor. (*Reliure des éditeurs*).

Tomes I à V.
2644 gravures dans le texte et hors texte.
Chiffre de Mme Sarah Bernhardt au coin des plats.

590. PRIMATICE (Le) (Saint-Martin de Boulogne). Les Travaux d'Ulysse, desseignez par le sieur de Sainct Martin, de la façon qu'ils se voyent dans la maison royalle de Fontainebleau. Peints par le Sieur Nicolas et gravez en cuivre par Théodore van Fulden, avec le subject et l'explication morale de chaque figure. *Paris, Melchior Tavernier*, 1633, in-4, oblong, dos et coins veau marb., dos orné, tr. rouges (*Rel. anc.*).

Titre-frontispice aux armes de Mgr de Liancourt et 38 planches gravées.
Quatre planches ont été remargées sur un côté ; les six dernières ont été remontées.
Notice manuscrite sur la feuille de garde, relative à l'ouvrage.

591. RACCOLTA di scelte opere d'arte moderna riprodotte in fotoincisione su rame. *Torino, Edizione dello studio di riproduzioni artistiche, s. d.* (1898), in-fol. oblong, dans un carton papier cuir brun, décor modelé à froid sur le premier plat.

Titre et 20 planches hors texte; reproductions de tableaux ayant figuré à l'Exposition de Turin en 1898.

592. REDON (Odilon). A Edgar Poe. 6 lithographies. *Paris, Fischbacher, s. d.*, 6 pl. in-fol., en feuilles sous la couverture.

Epreuves tirées sur Chine collé.
Envoi autographe d'Odilon Redon à Mme Sarah Bernhardt, sur la couverture.

593. SCHLUMBERGER (Gustave). Un Empereur byzantin au dixième siècle. Nicéphore Phocas. Ouvrage illustré de 4 chromolithographies, 3 cartes et 240 gravures d'après les originaux ou d'après les documents les plus authentiques. *Paris, Firmin-Didot et Cie*, 1890, gr. in-8, demi-rel. veau fauve, dos orné et chiffre, tr. jasp.

Envoi autographe de l'auteur à Mme Sarah Bernhardt.

594. SCHLUMBERGER (Gustave). L'Epopée byzantine à la fin du dixième siècle. Seconde partie. Basile II le Tueur de Bulgares. *Paris*,

Hachette et Cie, 1900, gr. in-8, dos et coins mar. rouge, dos à nerfs, tête dor.

10 planches hors texte et nombreuses figures dans le texte.

595. STAR (Maria) [Mme Louis Stern]. Ames de chefs-d'œuvre. *Paris, Delagrave, s. d.* (1901), in-4, en feuilles sous la couverture.

51 planches en héliogravure reproduisant des chefs-d'œuvre de toutes les époques.

Tirage à 300 exemplaires sur papier vélin du Marais, numérotés.

Hommage autographe de l'auteur à Mme Sarah Bernhardt « grand cœur de Femme et grande Ame d'artiste ».

596. STEWART COLLECTION. Catalogue of the A. T. Stewart Collection of paintings, sculptures and other objects of art. *New-York*, 1887, in-fol., vélin, fil., non rogné.

Luxueux catalogue d'une vente faite aux enchères.

Tirage à 100 exemplaires ornés de nombreuses eaux-fortes et héliogravures tirées sur Chine ou Japon, la plupart signées des graveurs.

597. SUISSE. L'Art ancien à l'Exposition Nationale Suisse. Album illustré, composé de LXX planches servant de supplément au Catalogue du Groupe 25. *Genève*, 1896, in-4, en feuilles, dans le cartonn. de la publication.

72 planches en phototypie.

598. VALENTINER (W. R.). The Rita Lydig collection, catalogued by Wilhem R. Valentiner, with the assistance of Durr Friedley. *New-York, privately printed*, 1913, in-4, broché.

Beau catalogue imprimé à 136 exemplaires non mis dans le commerce. Nombreuses illustrations en héliogravure.

Un des 30 exemplaires imprimés sur **papier du Japon.**

599. VIOLLET-LE-DUC. Dictionnaire raisonné du mobilier français de l'époque carlovingienne à la Renaissance. *Paris, Vve A. Morel et Cie*, 1872-1875, 6 vol. in-8, demi-rel. chag. rouge, dos ornés, tr. jasp. (*Rel. de l'époque*).

Nombreuses planches hors texte en chromolithographie et en noir ; illustrations dans le texte.

Exemplaire relié au chiffre de Mme Sarah Bernhardt.

600. ZIMMERN (Helen). L. Alma Tadema, royal academician ; his life and work. With numerous illustrations. *London, Art Journal Office*,

s. d., in-4, cartonn. toile verte, le premier plat orné du titre dans un décor en noir et or, tr. dor. (*Cartonn. des éditeurs*).

Nombreuses illustrations sur bois ou en simili-gravure et 2 planches gravées à l'eau-forte.

---

601. ARTS SOMPTUAIRES (Les). Histoire du costume et de l'ameublement et des arts et industries qui s'y rattachent, sous la direction de Hangard-Maugé. Dessins de Cl^es Ciappori. Introduction générale et texte explicatif par Ch. Louandre. *Paris, Hangard-Maugé*, 1857-1858, 2 tomes de texte en 1 vol. et 2 vol. de planches, pet. in-4, toile verte, chiffre au dos, non rognés.

364 planches hors texte en chromolithographie.

602. BOEHN (Max Von). Die Mode. Menschen und Moden im neunzehnten Jahrhundert, nach Bildern und Kupfern der Zeit. Ausgewählt von Oskar Fischel. 1790-1878. *München, Bruckmann*, 1908, 3 vol. pet. in-8, cartonn. papier bleu foncé (*Cartonn. de l'éditeur*).

Très nombreuses reproductions en phototypies noires et coloriées de figures de modes, d'estampes et tableaux de 1790 à 1878.

603. COSTUMES, ŒUVRES D'ART ET USTENSILES depuis le commencement du Moyen-Age jusqu'à la fin du dix-huitième siècle, d'après les originaux contemporains, par J.-H. de Hefner-Alteneck. Le texte traduit de l'allemand en français par Daniel Ramée. Deuxième édition revue et corrigée. *Francfort-s.-Mein, Keller*, 1880-1897, 10 vol. pet. in-4, en feuilles, sous leur cartonn.

Importante publication comprenant 720 planches en couleurs.
Les planches 349, 374, 399, 424, 427, 428, 435, 448, 449, 470, 491, 515, 516, 544, 556, 572, 593 et 657 manquent.

604. COSTUMES. Zur Geschichte der Costüme. Nach Zeichnungen von W. Diez, C. Fröhlich, M. Gierymsky, etc. *Munich, Braun et Schneider, s. d.*, in-4, cartonn. illustré.

60 planches doubles de costumes coloriés de toutes les époques.

605. DANDRÉ BARDON. Costume des anciens peuples à l'usage des artistes, contenant les usages religieux, civils, domestiques et militaires des Grecs, des Romains, des Israélites et des Hébreux..... et autres peuples tant orientaux qu'occidentaux. Edition rédigée par

Cochin. *Paris, Jombert, s. d.*, 4 vol. pet. in-4, toile violette (*Cartonn. de l'éditeur*).

Portrait de Dandré-Bardon d'après *Roslin* et 351 planches hors texte.

606. GREEVEN (H.). Collection des costumes des provinces septentrionales du royaume du Pays-Bas, dessinés d'après nature par H. Greeven et lithographiés par Vallon de Villeneuve. *Amsterdam, Fr. Buffa et fils ; Paris, Engelmann et Cie*, 1828, in-4, dos de basane verte (*Rel. de l'époque*).

20 planches lithographiées et coloriées avec soin ; elles sont d'une grande fraîcheur.

Transpositions de planches et de pages de texte. — Légère mouillure et cassure à un feuillet de texte.

607. HOTTENROTH (Frédéric). Le Costume, les armes, les bijoux, la céramique, les ustensiles, outils, objets mobiliers, etc. chez les peuples anciens et modernes. *Paris, Guérinet, s. d.*, 2 vol. in-4, cartonn. toile rouge de l'éditeur.

240 planches en chromolithographie.

608. JACQUEMIN (Raphaël). Iconographie générale et méthodique du Costume du IVe au XIXe siècle, 315-1815. Collection gravée à l'eau-forte d'après des documents authentiques et inédits. *Paris, l'auteur, s. d.* (1869), 200 pl. in-fol. dans 3 cartons demi-toile rouge.

200 planches gravées à l'eau-forte et coloriées, plus 41 planches supplémentaires (sur 48). Au total 241 pl. coloriées.

609. KNOTEL (Richard). Uniformenkunde. Lose Blätter zur Geschichte der Entwickelung der militärischen Tracht. *Rathenow, Max Babenzien*, 1890-1903, 12 vol. pet. in-4, pl. en feuilles, dans des cartonnages artistiques de diverses couleurs.

Ouvrage orné de 700 planches en chromolithographie de costumes des armées européennes de 1698 à nos jours, accompagnées d'un texte explicatif.

Les pl. 21 à 25 du huitième volume manquent.

610. LECHEVALLIER-CHEVIGNARD (E.) et Georges DUPLESSIS. Costumes historiques des XVIe, XVIIe et XVIIIe siècles, dessinés par E. Lechevallier-Chevignard, gravés par A. Didier, L. Flameng, F. Laguillermie, etc., avec un texte historique et descriptif par

Georges Duplessis. *Paris, A. Lévy*, 1867, 2 vol. in-4, dos et coins mar. rouge, chiffre au dos, têt. dor., ébarbés.

150 planches gravées et coloriées.

611. MASNER (Dr Karl). Die Costüm-Austellung im K. K. Oesterreichischen Museum 1891. Ihre wichtigsten Stücke ausgewählt und beschrieben, in Lichtdrucken herausgegeben von J. Löwy. *Wien, J. Löwy*, 1894, in-fol. oblong, en feuilles, dans un cartonn.

57 planches en phototypie.

612. MERCURI (Paul). Costumes historiques des XIIe, XIIIe, XIVe et XVe siècles tirés des monuments les plus authentiques de peinture et de sculpture, dessinés et gravés par Paul Mercuri. Avec un texte historique et descriptif par Camille Bonnard. Nouvelle édition, soigneusement révisée avec une introduction par M. Charles Blanc. *Paris, A. Lévy fils*, 1860-1861, 3 vol. in-4, dos et coins mar. rouge, chiffre au dos, têt. dor., ébarbés.

200 planches hors texte gravées et coloriées.
La planche 139 manque.

613. PAUQUET. Modes et costumes historiques français et étrangers, dessinés et gravés par Pauquet frères, d'après les meilleurs maîtres de chaque époque et les documents les plus authentiques. *Paris, Pauquet frères; Pincebourde, s. d.*, 2 vol. in-4, cartonn. toile rouge, tr. dor. (*Cartonn. des éditeurs*).

192 planches gravées et coloriées.
Le plat d'un volume est détaché.

614. QUICHERAT (J.). Histoire du Costume en France depuis les temps les plus reculés jusqu'à la fin du XVIIIe siècle ; ouvrage contenant 481 gravures dessinées sur bois par Chevignard, Pauquet et P. Sellier. *Paris, Hachette et Cie*, 1875, gr. in-8, fig. dans le texte, dos et coins mar. brun, fil., dos orné, plats toile, têt. dor., ébarbé.

615. QUICHERAT (J.). — Le même ouvrage ; gr. in-8, fig., demi-rel. chag. rouge, dos orné, chiffre S. B., tr. jasp.

616. STRUTT (Joseph). The regal and ecclesiastical antiquities of England, containing the representations of all the english monarchs from Edward the Confessor to Henry the Eighth..... on sixty copper plates, engraved by the author, with a Supplement, containing twelve

plates from ancient illuminated manuscripts. A new and improved edition, with critical and explanatory notes by J.-R. Planche. *Londres, H. G. Bohn*, 1842, in-4, dos et coins bas. brune polie, tête dor., non rogné.

72 planches hors texte en couleurs d'après des manuscrits anciens.

617. STRUTT (Joseph). A complete view of the dress and habits of the people of England, from the establishment of the Saxons in Britain to the present time. Illustrated by engravings..... A new and improved edition, with critical and explanatory notes by J. R. Planche. *London, G. Bohn*, 1842, 2 vol. in-4, dos et coins basane brune polie, têt. dor., non rognés.

Illustré de 143 planches hors texte en couleurs.

LIVRES MODERNES
DANS TOUS LES GENRES
VOYAGES

618. BALZAC (H. de). Les Contes drolatiques. Cinquiesme édition illustrée de 425 dessins par Gustave Doré. *Se trouve à Paris, ez bureaux de la Société générale de librairie*, 1855, pet. in-8, fig., dos et coins de chag. rouge, fil., dos orné, chiffre S. B., tr. marb. (*Rel. de l'époque*).

Premier tirage des illustrations de *Gustave Doré*.

Exemplaire, fatigué, avec le frontispice du troisième dizain sans le nom et l'adresse de l'imprimeur Fain.

La reliure est défraîchie.

619. BAUËR (Henry). Henry Bauër. (A la fin) : *Tours, Imprimerie Arrault et Cie*, 1901, plaquette in-8 de 46 pages imprimée sur papier de Hollande, brochée.

Plaquette éditée en souvenir du dîner offert à Henry Bauër, le 24 mars 1900, par les écrivains et par les journalistes ; elle renferme un portrait d'Henry Bauër, des chroniques de Jean Jullien et de Henry Bérenger, le compte rendu du 24 mars avec l'allocution prononcée par Lucien Muhlfeld.

Exemplaire imprimé pour Mme Sarah Bernhardt.

620. BÉRARD (Alexandre). Cypris, chronique de l'île de Chypre au Moyen-âge. *Paris, Ollendorff*, 1902, in-12, broché.

Le faux titre est couvert par *un long hommage autographe* de l'auteur à Mme Sarah Bernhardt.

Dos brisé.

621. BIBLIOTHÈQUE CHARPENTIER (De la Petite). *Paris, Charpentier et Fasquelle,* 1885-1896, 10 vol. in-32, cartonn. demi-mar. vert clair, dos ornés et mosaïqués d'une fleurette rouge, têt. dor., non rognés, réunis dans un étui.

ARÈNE (Paul). Contes choisis. — DAUDET (A.). Contes choisis. — GAUTIER (Th.). Mademoiselle Dafné. La Toison d'or. Arria Marcella. Le Petit chien de la marquise. — MAUPASSANT (G. de). Contes et Nouvelles. — MENDÈS (C.). Contes choisis. — MIRBEAU (O.). Contes de la Chaumière. NODIER (Ch.). Ecrin d'un conteur. — THEURIET (A). Contes de la forêt. — ZOLA (E.) Contes et Nouveaux Contes à Ninon, 2 vol.

Chaque volume est orné de deux figures gravées à l'eau-forte d'après *Ed. Morin, Jeanniot, Fraipont, Raffaëlli,* etc.

622. BIBLIOTHÈQUE LITTÉRAIRE (De la Petite). *Paris, Lemerre,* 1869-1870, 3 vol. in-12, papier vergé, portraits, mar. rouge, jans., dent. int., tr. dor.

LA ROCHEFOUCAULD. Réflexions ou Sentences et Maximes morales. — PRÉVOST (l'Abbé). Histoire du chevalier des Grieux et de Manon Lescaut. REGNIER (M.). Œuvres, avec notice par E. Courbet.

Initiales de Mme Sarah Bernhardt frappées au dos de chaque volume.

623. BOCCACE. Le Décaméron, traduction complète. *Paris, Liseux,* 1879, 6 vol. in-18, papier vergé, dos et coins mar. La Vall., têt. dor., ébarbés.

Exemplaire relié avec le premier plat des couvertures ; la reliure porte au dos les initiales S. B.

624. BOCHER (Charles). Mémoires (1816-1907), précédé des Souvenirs de famille (1760-1816). *Paris, Flammarion, s. d.* (1906), in-8, broché.

EDITION ORIGINALE.

Cet envoi autographe de l'auteur sur le feuillet de garde :

A mon amie Sarah Bernhardt
honneur du théâtre français.
CHARLES BOCHER.

625. BOILEAU. Œuvres poétiques, avec des notices par M. Poujoulat. Eaux-fortes par V. Foulquier. *Tours, Mame et fils,* 1870, gr. in-8, demi-rel. mar. bleu clair, dos orné, non rogné.

Initiales S. B. au dos de la reliure.

626. BOILEAU. Œuvres complètes précédées de la vie de l'auteur

d'après des documents nouveaux et inédits par M. Edouard Fournier. Nouvelle édition illustrée, par M. Émile Bayard, de magnifiques dessins coloriés, et suivie du Bolæana de M. Losme de Monchesnay. *Paris, Laplace, Sanchez et Cie*, 1873, gr. in-8, demi-rel. mar. bleu clair, dos orné, non rogné.

20 planches hors texte gravées par *Nargeot, Lallemand, Outhwaite*, et coloriées.
Initiales S. B. au dos du volume.

627. BOSSUET. Les Oraisons funèbres. Avec des notices par M. Poujoulat. Gravures à l'eau-forte par V. Foulquier. *Tours, Mame et fils*, 1869, gr. in-8, demi-mar. bleu clair, dos orné, chiffre, non rogné.

Portrait tiré sur Chine et vignettes en tête des chapitres.

628. CASIMIR-PÉRIER (Claude). Brest, port transatlantique européen. *Paris, Hachette et Cie*, 1914, 2 vol. pet. in-4, papier vergé, cartes, brochés.

Envoi autographe sur le faux titre :

Pour Madame Sarah Bernhardt
Hommage de profonde admiration
et d'un bien reconnaissant et respectueux
dévouement
CLAUDE CASIMIR-PÉRIER.

629. CAZES (Émilien). Pensées et Maximes pour la pratique de la vie (extraits des écrivains, philosophes et moralistes de tous les temps et de tous les pays). *Paris, Delagrave, s. d.*, in-18, cartonn. dos et coins mar. vert foncé, dos mosaïqué d'un large fil. de mar. rouge serti de fil. dor., têt. dor., non rogné (*Kauffmann*).

Recueil d'un très grand nombre de pensées bien choisies.
Sur le feuillet de garde, cet envoi autographe :

A Madame
Sarah Bernhardt
« *ce petit compagnon de*
voyage
« *avec mon affectueux*
respect
P. MARIÉTON,
Août 1905.

630. CELLIER (L'abbé). Histoire et vie de Mme de Maillefer à l'occasion du 2e centenaire de sa mort, 1693-1893. *Montreuil-sur-Mer*, 1893,

in-8, demi-rel. mar. blanc, fil., chiffre S. B. sur le dos, tête dor., non rogné, couverture (*Franz*).

Mme de Maillefer, morte à Rouen en 1693, fut le guide et conseiller du bienheureux Jean-Baptiste de la Salle.

631. CORONATION OF KING EDWARD VII. The Form and order of the service that is to be performed, and of the ceremonies that are to be observed, in the Coronation of their Majesties King Edward VII and Queen Alexandra, in the abbey church of S. Peter, Westminster, on thursday, the 26th day of June, 1902. *London, Eyre and Spottiswode*, 1902, pet. in-4, vélin blanc, armes d'Angleterre frappées en or sur le premier plat, tr. dor.

Exemplaire imprimé sur **peau de vélin**, accompagné d'une lettre d'envoi à la « divine and beautiful Madame Sarah », signée *Lily*.

632. DARWIN (Ch.). L'Expression des émotions chez l'homme et les animaux. Traduit de l'anglais par les docteurs Samuel Pozzi et René Benoist. Seconde édition revue et corrigée. *Paris, Reinwald et Cie*, 1877, in-8, fig. sur bois et pl. en photographie, cartonn. toile verte, chiffre ajouté, non rogné.

Envoi autographe du Dr Pozzi à Mme Sarah Bernhardt.
Légère mouillure aux premiers ff.

633. DAUDET (Léon). L'Hérédo, essai sur le drame intérieur. *Paris, Nouvelle Librairie Nationale*, 1917, in-12, broché.

Hommage autographe de l'auteur à Mme Sarah Bernhardt.

634. DESBARROLLES (Ad.). Mystères de la main. Révélations complètes. 500 gravures explicatives. Chiromancie. Phrénologie. Révélations du passé. Connaissance de l'avenir. *Paris, chez l'auteur, s. d.*, (1879), in-8, demi-rel. mar. marron, dos orné et frappé au chiffre S. B., tr. jasp.

Seconde série ; la première avait été publiée en 1872.

635. DREYFUS (Alfred), Cinq années de ma vie. 1894-1899. *Paris, Fasquelle*, 1901, in-8, broché.

Edition originale.
Exemplaire sur **papier du Japon** imprimé spécialement pour Mme Sarah Bernhardt.

636. DURUY (Victor). Histoire des Grecs, depuis les temps les plus

reculés jusqu'à la réduction de la Grèce en province romaine. Nouvelle édition... enrichie d'environ 2 000 gravures dessinées d'après l'antique et 50 cartes ou plans. *Paris, Hachette et Cie*, 1887-1889, 3 vol. gr. in-8, dos et coins chag. vert foncé, fil., dos ornés, têt. dor., ébarbés (*Magnier et ses fils*).

Exemplaire portant au dos de la reliure les initiales de Mme Sarah Bernhardt.

637. FABRE (J.-H.). Souvenirs entomologiques. Etudes sur l'instinct et les mœurs des insectes. *Paris, Delagrave, s. d.*, 10 vol. pet. in-8, brochés.

638. FLAMMARION (Camille). Astronomie populaire. Description générale du ciel, illustrée de 360 figures, planches en chromolithographie, cartes célestes, etc. *Paris, Marpon et Flammarion*, 1880, gr. in-8, demi-rel. chagrin rouge, plats de toile chagrinée, ornés de fil. à froid, dos orné de compart. de rinceaux dor., chiffre au bas, tr. dor. (*Magnier*).

Première édition.

639. FLAMMARION (Camille). La Fin du Monde. *Paris, Ernest Flammarion*, 1894, in-8, dos et coins de basane maroquinée grenat, plats toile bleue, fers spéciaux, tête dor., non rogné (*Rel. de l'éditeur*).

Envoi autographe de l'auteur à Mme Sarah Bernhardt.

640. FRÉCHETTE (Louis). Originaux et détraqués. Douze types Québecquois. *Montréal, Patenaude*, 1892, in-12, demi-rel. mar. noir, dos orné et chiffre, tr. jasp. (*Franz*).

Edition originale.
Sur le faux titre, cet envoi autographe de l'auteur :

A la grande Sarah
quelques bluettes pour
rire.
Louis Fréchette.

641. FROISSART. Les Chroniques de Jehan Froissart. Edition abrégée avec texte rapproché du français moderne par Mme de Witt, née Guizot. Ouvrage contenant 11 planches en chromolithographie, 2 cartes, 33 grandes compositions tirées en noir et 252 gravures d'après les monuments et les manuscrits de l'époque. *Paris, Hachette et Cie*, 1881,

gr. in-8, dos et coins chag. vert, dos orné, tête dor., non rogné (*Magnier*).

642. GALIBERT (Léon). L'Algérie ancienne et moderne depuis les premiers établissements des Carthaginois jusqu'à l'expédition du Général Randon en 1853. Vignettes par Raffet et Rouargue frères. *Paris, Furne, Jouvet et Cie*, 1884, gr. in-8, demi-rel. chag. vert, plats toile verte, dos orné avec chiffre, tr. dor. (*Rel. des éditeurs*).

38 planches en noir et en couleurs d'après *Raffet* et une carte de l'Algérie.

643. HAHN (Reynaldo). Les Muses pleurant la mort de Ruskin. (*Paris, Imp. Delanchy*), 1902, plaquette in-4 de 17 pages, en feuilles, sous la couverture.

Reproduction en fac-similé du manuscrit de la partition d'orchestre composée par Reynaldo Hahn en l'honneur de Ruskin, et dédiée à Marcel Proust.

Exemplaire au nom de Mme Sarah Bernhardt.

644. HISTOIRE DE FRANCE ILLUSTRÉE, des origines à nos jours. *Paris, Larousse, s. d.*, 2 vol. in-4, toile verte, tr. rouges (*Reliure de l'éditeur*).

Nombreuses figures dans le texte et planches en couleurs hors texte.

645. JANIN (Jules). Un Hiver à Paris. *Paris, Curmer, Aubert et Cie*, 1843, gr. in-8, demi-rel. mar. vert, dos orné de compart. de fil., tr. dor. (*Andrieux*).

18 planches hors texte gravées sur acier d'après *Eug. Lami* et vignettes dans le texte.

PREMIÈRE ÉDITION et PREMIER TIRAGE.

Reliure de l'époque.

646. LA BRUYÈRE. Les Caractères. Avec dix-huit gravures à l'eau-forte par V. Foulquier. *Tours, Mame et fils*, 1867, gr. in-8, demi-rel. mar. bleu, dos orné, ébarbé.

Initiales S. B. au dos de la reliure.

647. LA FONTAINE. Fables choisies mises en vers. 2 vol. — Contes et Nouvelles en vers. 2 vol. Notes et notices par Alphonse Pauly. *Paris, Lemerre*, 1868. Ens. 4 vol. pet. in-12, papier vergé, mar. rouge jans., dent. int., tr. dor.

Exemplaire relié au chiffre de Mme Sarah Bernhardt.

648. LAROUSSE. Grand Dictionnaire universel du XIXe siècle. *Paris, au Bureau,* 1866-1876, 15 vol. in-4, demi-rel. chag. brun, chiffre au dos, tr. jasp.

649. LAROUSSE ILLUSTRÉ (Nouveau). Dictionnaire universel encyclopédique publié sous la direction de Claude Augé. *Paris, Librairie Larousse, s. d.*, 8 vol. in-4, demi-rel. chag. vert, plats toile, tr. jasp. (*Rel. de l'éditeur*).

Exemplaire contenant le *Supplément.*

650. LE BRETON (John et Thomas). The Chronicles of Choisy. *London, Foxwell,* 1903, pet. in-8, vélin blanc, fers spéciaux, dent. int., tr. dor. (*Rel. de l'éditeur*).

651. LE GALLEN (Léandre). Belle-Ile, histoire politique, religieuse et militaire. Mœurs, usages, marine, pêche, etc. *Vannes, Lafolye,* 1906, gr. in-8, broché.

L'exemplaire porte ces lignes autographes :

A Madame Sarah Bernhardt
Témoignage de reconnaissance pour
le bien que vous faites à mon pays
Léandre Le Gallen,
ancien maire de Sauzon.

(On sait combien Mme Sarah Bernhardt fut populaire à Belle-Ile et que les touristes ne quittaient pas l'île sans avoir entrevu sa propriété de Sauzon.)

652. LENOTRE (G.). Les Massacres de Septembre. — Le Tribunal Révolutionnaire. — La Fille de Louis XVI. — Le Roi Louis XVII et l'Énigme du Temple. *Paris, Perrin et Cie,* 1907-1921, 4 vol. pet. in-8, portr. et fig., dont un broché et trois cartonn. vélin blanc à recouvr., fil., dos ornés avec monogramme S. B., têt. dor., non rognés, couvertures (*Franz*).

Editions originales.
Envoi autographe de l'auteur à Mme Sarah Bernhardt sur trois volumes.
Deux couvertures portent des numéros d'éditions.

653. LITTRÉ (E.). Dictionnaire de la langue française. *Paris, Hachette et Cie,* 1873, 4 vol. in-4, demi-rel. chag. brun, plats toile noire, chiffre au dos, tr. jasp.

Sans le *Supplément.*

654. MANSILLA (Lucio V.). Estudios morales o sea el diario de mi vida. Avec une préface de M. Maurice Barrès. *Paris, Richard,* 1896, in-16, broché.

Edition originale ; la préface de Maurice Barrès est publiée en français. Exemplaire imprimé sur **papier du Japon** portant sur le faux titre *un très long envoi autographe,* en forme de lettre, signé de l'auteur, le général Mansilla, à Mme Sarah Bernhardt.

655. MILLE ET UNE NUITS (Le Livre des). Traduction littérale et complète du texte arabe par le Dr J.-C. Mardrus. *Paris, Revue blanche,* 1900-1904, 16 vol. in-8, brochés.

Sur le faux titre du premier volume :

A l'artiste Royale
à la femme au grand cœur
Mme Sarah Bernhardt
son féal respectueux
J.-C. Mardrus.

656. MONTESQUIEU. Considérations sur les causes de la grandeur des Romains et de leur décadence. Avec commentaires et notes de Frédéric-le-Grand. *Paris, Lemerre,* 1876, gr. in-8, portraits et vignettes, mar. rouge, fil., dos orné de compart. de fil., et chiffre, fil. à l'int., tr. dor. (*R. Petit*).

Un des 250 exemplaires imprimés sur **grand papier vergé** de Hollande

657. MUSSET (Alfred de). Œuvres complètes. Edition ornée de 28 gravures d'après les dessins de Bida, d'un portrait gravé par Flameng d'après l'original de Landelle, et accompagné d'une notice sur Alfred de Musset par son frère. *Paris, Edition Charpentier, L. Hébert,* 1888, 10 vol. — Musset (Paul de). Biographie de Alfred de Musset, sa vie et ses œuvres, avec fragments inédits en prose et en vers et lettres inédites. *Ibid., id.,* 1888. Ens. 11 vol. in-8, demi-rel. vélin blanc, dos ornés, têt. dor., ébarbés (*Franz*).

Le chiffre de Mme Sarah Bernhardt est frappé au dos de chaque volume.

658. MUSSET (Alfred de). Nouvelles. — Poésies nouvelles 1836-1852. — Comédies et proverbes, 3 vol. *Paris, Fasquelle,* 1896-1897, 5 vol. in-12, demi-mar. grenat, dos portant au bas le chiffre M. B., ébarbés.

Quelques lignes manuscrites (titres d'ouvrages) de la main de Mme Sarah Bernhardt sur les pages de garde d'un des volumes.

659. MUSSET (Alfred de). Correspondance de George Sand et d'Alfred

de Musset, publiée intégralement et pour la première fois d'après les documents originaux par Félix Decori. Avec dessins d'Alfred de Musset et fac-similés d'autographes. *Bruxelles, Deman,* 1904, in-8, broché.

Première édition complète, en PARTIE ORIGINALE.
Hommage autographe de Félix Decori à Mme Sarah Bernhardt.

660. NOTOVITCH (Nicolas). La Vie inconnue de Jésus-Christ. Cartes et illustrations. *Paris, Ollendorff,* 1894, in-12, cartonn. demi-vélin blanc, dos orné et chiffre, non rogné (*Franz*).

EDITION ORIGINALE.
Hommage autographe de l'auteur à Mme Sarah Bernhardt.

661. ORLÉANS (Duchesse d'). Correspondance de Madame, duchesse d'Orléans, extraite de ses lettres originales déposées aux archives de Hanovre et de ses lettres publiées par M. L.-W. Holland. Traduction et notes par E. Jaeglé. *Paris, Bouillon,* 1890, 3 vol. pet. in-8, portrait, dos et coins mar. bleu, fil., dos ornés, têt. dor., non rognés.

Correspondance de la duchesse d'Orléans, belle-sœur de Louis XIV, connue sous le nom de Princesse Palatine.
Chaque tome porte la signature autographe de Sarah Bernhardt sur un feuillet de garde.

662. RAMBAUD (Yveling). Force psychique. *Paris, Baschet,* 1889, pet. in-4, broché.

EDITION ORIGINALE ; l'ouvrage est préfacé par Victorien Sardou et orné d'illustrations d'*Albert Besnard* gravées sur bois par *Florian.*
Hommage autographe de l'auteur « à ma prestigieuse et illustre amie Sarah Bernhardt ».

663. RECLUS (Elisée). L'Homme et la Terre. *Paris, Librairie universelle, s. d.,* 6 vol. gr. in-8, nombr. fig. et cartes, dos de chag. vert, plats toile, fers spéciaux, tr. rouges (*Rel. de l'éditeur*).

664. RICHET (Charles). Traité de métapsychique. *Paris, Alcan,* 1922, gr. in-8, broché.

PREMIÈRE ÉDITION.
Cet envoi autographe sur le faux titre :

à ma chère et illustre amie
Sarah Bernhardt
En reconnaissante admiration
CHARLES RICHET.

665. ROLLAND (Romain). Vie de Tolstoï. *Paris, Hachette et Cie*, 1911, in-12, dos et coins de veau rouge, dos orné, têt. dor,, non rogné.

666. ROMANS DE LA TABLE RONDE (Les) mis en nouveau langage et accompagnés de recherches sur l'origine et le caractère de ces grandes compositions par Paulin Paris. *Paris, Techener,* 1868-1877, 5 vol. in-12, fig., brochés.

667. SCÈNES DE LA VIE PRIVÉE ET PUBLIQUE DES ANIMAUX. Vignettes par Grandville. Études de mœurs contemporaines publiées sous la direction de M. P.-J. Stahl, avec la collaboration de MM. Balzac, Baude, de La Bédollierre, J. Janin, Ch. Nodier, etc. *Paris, Hetzel et Paulin,* 1842, 2 vol. gr. in-8, demi-rel. veau violet, dos ornés et chiffre, têt. dor.

201 planches hors texte et nombreuses vignettes dans le texte.
PREMIER TIRAGE.

668. SCHURÉ (Édouard). Les Grands initiés, esquisse de l'histoire secrète des religions. *Paris, Perrin et Cie*, 1895, in-12, dos et coins veau bleu, dos orné de fil. à froid, tête dor., non rogné.

Exemplaire imprimé sur **papier de Hollande** offert à Mme Sarah Bernhardt, avec l'hommage autographe « de sympathie respectueuse et d'admiration profonde » de l'auteur.

669. SERMONS CHOISIS de Bossuet, de Bourdaloue et de Massillon contenant les principes de la foi et les règles de la vie chrétienne. Avec une préface par M. Silvestre de Saçy. *Paris, Techener,* 1859, 3 vol. in-16, papier vélin, mar. La Vall. jans., dent. int., tr. dor. (*Belz-Niedrée*).

Initiales de Mme Sarah Bernhardt au dos des reliures.

670. STÉFANE-POL. Autour de Robespierre. Le Conventionnel Le Bas d'après des documents inédits et les mémoires de sa veuve. Préface de Victorien Sardou. *Paris, Flammarion, s. d.* (1901), in-8, demi-rel. mar. grenat, tête dor., non rogné (*Couvert.*).

EDITION ORIGINALE; l'ouvrage a été couronné par l'Académie française
Hommage autographe de l'auteur à Mme Sarah Bernhardt.

671. CALIFORNIE. Picturesque California. The Rocky Mountains and the Pacific Slope. California, Oregon, Nevada, Washington, Alaska, Montana, Idaho, Arizona, etc. Illustrated with etchings, photogravures, wood engravings, etc., by eminent american artists. *New-York and San Francisco, J. Dewing Publishing Company,* 1888, 10 vol. in-4, cartonn. toile bleue illustrée d'un paysage (*Cartonnage des éditeurs*).

Nombreuses planches hors texte et illustrations dans le texte.

672. CALIFORNIE. Picturesque California. Mirror lake looking up Tenaya Cañon — Mt. Watkins on the left, from painting by Thomas Hill, 10 pl. in-fol., dans un carton toile grise illust.

Planches tirées en diverses teintes sur satin blanc ; chaque épreuve est fixée sur bristol.

673. CARLSEN (J.), H. OLRIK et C.-N. STARCKE. Le Danemark. Etat actuel de sa civilisation et de son organisation sociale. *Copenhague,* 1900, in-8, nombr. portr. et fig., mar. vert, chiffre de Mme Sarah Bernhardt mosaïqué sur le premier plat, fil. int., tr. dor.

Envoi autographe du comité de l'Alliance française à Copenhague à Mme Sarah Bernhardt.

674. CÉALIS (Édouard). De Sousse à Gafsa, lettres sur la campagne de Tunisie, 1881-1884. Préface de G. Larroumet. *Paris, Flammarion, s. d.* (1896). in-12, mar. citron, fil., monogramme S. B. frappé dans l'angle gauche, dos orné de croissants dor., dent. int., tête dor., non rogné, couverture (*Dervois*).

Edition originale, illustrée de vignettes en tête des chapitres ; l'ouvrage a été couronné par l'Académie française.

Edouard Céalis prit part en qualité d'officier à la campagne de Tunisie ; poussé ensuite par sa vocation théâtrale, il joua sur la scène de l'Odéon, et composa entre temps ce volume de souvenirs.

Sur le feuillet de garde, envoi autographe de l'auteur à Mme Sarah Bernhardt :

A vous, Madame, en hommage d'affection,
d'admiration, de dévouement, de respect,
profonds, absolus, inaltérables
ces petits croquis militaires d'Afrique
du temps de ma jeunesse

Edouard Céalis.

675. CHAUVELOT (Robert). L'Inde mystérieuse ; ses rajahs, ses brahmes, ses fakirs. *Paris, Chapelot,* 1920, in-8 carré, broché.

Edition originale, ornée de très nombreuses illustrations photographiques.
Hommage autographe (8 lignes) de l'auteur à Mme Sarah Bernhardt.

676. GROSCLAUDE (Et.). Un Parisien à Madagascar. Aventures et impressions de voyage. Ouvrage illustré de 138 gravures. *Paris, Hachette et Cie*, 1898, gr. in-8, demi-rel. mar. blanc, plats de papier maroquiné, dos orné portant au bas les initiales S. B., tête dor., ébarbé, couverture (*Franz*).

Sur le faux titre, *hommage autographe* « de profonde admiration » de l'auteur à Mme Sarah Bernhardt.

677. JAPAN DESCRIBED AND ILLUSTRATED by the Japanese, written by eminent Japanese authorities and scholars. Edited by Captain F. Brinkley. *Boston, J. B. Millet Company,* 1897, 10 vol. in-4, cartonn. toile brochée de diverses couleurs.

Nombreuses planches hors texte en couleurs et figures en noir dans le texte.
« Orient edition » tirée à 500 exemplaires.

678. LALLEMAND (Ch.). Le Caire. Avec une préface de Pierre Loti. *Alger, Gervais-Courtellemont et Cie*, 1894, in-4, rel. veau grenat, vignette tirée en or sur le premier plat, dos orné, tête dor., non rogné.

23 planches hors texte ; nombreuses illustrations dans le texte.

679. LEMAIRE (Lieut[t] Charles). Africaines ; contribution à l'histoire de la Femme en Afrique. Illustrations du Docteur Dryepondt ; photographies du major Fivé. *Bruxelles, Bulens, s. d.* (1897), in-4, demi-rel. mar. rouge, dos orné, tête dor., non rogné, couverture (*Franz*).

La reliure porte au dos le monogramme de Mme Sarah Bernhardt.

680. MORENO (Marguerite). Une Française en Argentine. Portrait de Ciolkowski. Préface de Yvonne Sarcey. *Paris, Crès et Cie*, 1914, in-12, broché.

Edition originale.
Un long envoi autographe de Mme Moreno à Mme Sarah Bernhardt couvre le faux titre de l'exemplaire.

681. TINSEAU (Léon de). En Norwège. *Paris, Calmann Lévy, s. d.*, in-16, fig., broché.

La relation de ce voyage est illustrée de vues prise par l'auteur et par Mme la vicomtesse de Savigny de Moncorps.

L'exemplaire porte ces lignes autographes sur le feuillet de garde.

Hommage de *la* photographe à Mme Sarah Bernhardt, et sincères remerciements pour les moments qu'Elle a bien voulu venir passer « à bord de *l'Oustalet* » le 17 juillet 1916.

Vtesse DE SAVIGNY DE MONCORPS.

682. WIENER (Charles). Pérou et Bolivie, récit de voyage. Ouvrage contenant plus de 1 100 gravures, 27 cartes et 18 plans. *Paris, Hachette et Cie*, 1880, in-8, demi-rel. mar. vieux rouge, plats de toile couverts d'un décor de vignettes tiré en or et noir, tr. dor. (*Rel. des éditeurs*).

PREMIÈRE ÉDITION.

Le faux titre porte ces envois autographes successifs :

« Voyons, mon cher Vattier, si tu as assez d'esprit pour en trouver dans ce bouquin.

Wiener.

« La preuve que oui...
« C'est que je l'offre à Sarah Bernhardt. »

Ch. Vattier.

et au-dessous, un nouvel envoi de Wiener à la louange de Mme Sarah Bernhardt.

SUPPLÉMENT

683\. FRANCE CONTEMPORAINE (La), album illustré, biographique. *Paris, Clément Deltour et Cie*, 1903, in-4, cartonn. toile verte, composition tirée en couleur et or sur le premier plat (*Cartonn. des éditeurs*).

67 portraits de généraux et amiraux, magistrats, hommes politiques, littérateurs et artistes, accompagnés d'autant de notices.
Beau portrait de Mme Sarah Bernhardt, et notice.

684\. LORRAIN (Jean). La Princesse au Sabbat. La Princesse aux oies. La Princesse Neigefleur. *Paris, Revue Illustrée, s. d.*, in-4 en feuilles, sous un carton dos et coins toile verte.

Editions pré-originales de ces trois contes, ornées d'illustrations en couleurs par *Manuel Orazi.*
Le faux titre porte cet hommage autographe :

à Madame Sarah Bernhardt
Reine de l'attitude et princesse du geste
ces trois princesses
d'après Elle rêvées et inspirées
d'Elle.
en ferveur et en angoisse
JEAN LORRAIN.

685\. MENDÈS (Catulle). L'Art au théâtre, 1896. *Id.*, 1897. — L'Art au théâtre. Troisième volume. *Id.*, 1900. — Scarron, comédie tragique en cinq actes, en vers. *Id.*, 1905. — Théâtre en prose. *Id.*, 1908. — Ens. 4 vol. in-12, brochés.

Editions originales.

L'Art au théâtre, 2 vol., renferme trente et un chapitres ou passages relatifs à Sarah Bernhardt.

Bel hommage autographe de l'auteur à Mme Sarah Bernhardt sur la couverture de chaque ouvrage.

686. SEM. Réunion de 5 albums in-fol. illustrés, en feuilles dans les cartons.

Séries sur le monde des lettres, des courses, du théâtre, etc.

687. ZAMACOIS (Miguel). Les Sacrifices. Les Flandres. Noël: Reims, poème dramatique en 3 tableaux. *Flammarion,* 1918 (en collaboration avec Henri Lavedan). — Monsieur Césarin écrivain public, comédie en trois actes. *Fasquelle,* 1919. — L'Homme aux dix femmes, comédie en quatre actes en vers. *Librairie Théâtrale,* 1923. — Ens. 3 vol. in-12, brochés.

Editions originales.

Hommage autographe de l'auteur à Mme Sarah Bernhardt, sur chaque volume.

687 *bis* à 707. Sous ces numéros, on vendra, en lots, divers volumes (poésies, romans, ouvrages divers) tous brochés et avec envois autographes des auteurs à Mme Sarah Bernhardt.

DESSINS. — ESTAMPES ET PORTRAITS

ABBEMA (Louise).

708. Portraits de Sarah Bernhardt, Carolus-Duran, Chaplin, Garnier, etc., 7 pièces.

ALBUM.

709. Album de reproductions d'œuvres d'artistes russes, 18 pl. en un portefeuille velours grenat, *dédicace* à Mme Sarah Bernhardt frappée en or à l'intérieur du 1er plat.

AMAND-DURAND.

710. Eaux-fortes et gravures des Maîtres anciens, reproduites par l'héliogravure, 95 planches d'après Rembrandt, Durer, Mantegna, Ruisdael, etc.

ANONYME.

711. Sarah Bernhardt dans « Les Burgraves », Dessin aquarellé, *daté* : 1902.

AUBEPINE (Marcel d').

712. Vieux des Eaux-Bonnes... Salut ! épreuve avec *dédicace* à Mme Sarah Bernhardt.

BÉJOT (Eugène).

713. Le Théâtre du Châtelet et la Tour St-Jacques. Très belle épreuve, *signée*.

BESNARD (P.-Albert).

714. La Liseuse devant la fenêtre (Ch. Coppier 69). Très belle épreuve, *signée* (n° 83).

CARJAT (Et.).

715. Une Badoise de 1859. Dessin au fusain, rehaussé d'aquarelle et de gouache, *signé* et *daté*.

CARRIÈRE (Eugène).

716. Nelly Carrière (Loys Delteil, 18). Très belle épreuve sur chine, *signée* (n° 83).

CLAIRIN (Georges).

717. Détails de costumes de femmes, 3 croquis au crayon noir. On y a joint 2 photogr. de Sarah Bernhardt dans des rôles.

718. Sarah Bernhardt dans l'*Aiglon*. Photogravure avec *dédicace*.

DAUMIER (Honoré).

719. Le Ventre Législatif (Hazard et Loys Delteil, 306). Belle épreuve (plis, marge inférieure coupée entre les deux lignes du titre).

720. Rue Transnonain, le 15 avril 1834 (310). Très belle épreuve (quelques piqûres).

721. Très hauts et très puissans Moutards... (307) — Ne vous y frottez pas (308) — Enfoncé Lafayette... (309), 3 pièces (plis, marges coupées au-dessus des légendes).

722. Le Charenton Ministériel — La Cour du roi Pétaud — Cortège du Commandant général des Apothicaires — Primo saignare, 5 p. *coloriées* (plis).

723. Lithographies extraites du *Charivari*: Bons Bourgeois, Robert-Macaire, Baigneurs, Gens de Justice, Locataires et Propriétaires, Mœurs conjugales, Bas-Bleus, etc. Réunion d'environ 3000 pièces en 27 vol. in-4 et 1 vol. in-f. formant la plus grande partie de l'œuvre du maître caricaturiste.

DETOUCHE (Henri).

724. Mer farouche. Très belle épreuve avec *dédicace* à Sarah Bernhardt.

ESTAMPES JAPONAISES.

725. Femmes de qualité — Scènes diverses, paysage. 9 p. par Yeizan, Kuniyoski, Kunisada, Hiroshighé, etc.

ESTAMPE ORIGINALE (L').

726. La Bûcheronne — Mineur — L'Aigle décapité — Couverture de clôture de l'Estampe originale, etc., 7 pl. par Rops, C. Meunier, Willette, Toulouse-Lautrec, etc.

GOLTZIUS (d'apr. H.).

727. Costumes militaires, 7 p. par Londerseel.

HUGO (Léopold).

728. Portrait d'un cousin. Épreuve avec *dédicace* à Mme Sarah Bernhardt.

729. Planche de croquis. Epreuve avec *annotations* et *dédicace* à Mme Sarah Bernhardt.

LA TOUCHE (Gaston).

730. Compositions pour l' « Assommoir », suite de 15 planches. Belles épreuves.

LAUZET (A.-M.).

731. Portrait du Dr Pozzi, *dédicace* à Mme Sarah Bernhardt.

LIONNET (Anatole).

732. Un Fou — Une Folle, 2 pl. avec *dédicace* à Mme Sarah Bernhardt.

MAC LEAN (chez).

733. Portrait de Blanche Roosevelt, épreuve avec *dédicace* de Mlle Roosevelt à Mme Sarah Bernhardt.

MERSON (Luc-Olivier).

734. Jeanne d'Arc reconnaissant Charles VII. Dessin, plume et encre de Chine, *signé* et *daté* : 96.

MUCHA.

735. Trois affiches relatives à Sarah Bernhardt.

NANTEUIL (R.).

736. Cte de Guébriant — Ch. Em. de Savoie — Steenberghen, 3 pièces. Bonnes épreuves.

PISSARRO (C.).

737. Baigneuses à l'ombre des berges boisées. Très belle épreuve sur chine, *signée*.

PORTRAITS.

738. Sous ce numéro, il sera vendu, *en un ou plusieurs lots*, 21 portraits par Edelinck, Van Dalen, Drevet, etc.

PUVIS DE CHAVANNES (P.).

739. L'Abondance. Très belle épreuve sur japon, *signée*.

REDON (Odilon).

740. Le Buddha (A. M. 132). Très belle épreuve sur chine, *signée*.

RENOIR (A.).

741. La Baigneuse. Très belle épreuve, *signée* des initiales (n° 83).

RENOUARD (Paul).

742. Un pas d'examen. Très belle épreuve, *signée*.

RÉVOLUTION FRANÇAISE.

743. Caricatures, portraits, scènes historiques, un carton.

STEVENS (d'après Alfred).

744. Le Printemps — L'Automne, 2 p. par H. Lefort, avec *dédicaces* de Stevens à Mme Sarah Bernhardt (1 déchirée).

THÉÂTRE (Estampes relatives au).

745. Portraits du Duc de Reichstadt et documents divers sur l'Aiglon, 37 p.

746. Documents sur *la Dame aux Camélias, Françoise de Rimini,* etc. Un portefeuille.

VÉRITÉ (J.-B.).

747. Marat. Belle épreuve.

WALTNER (C.-A.).

748. Sarah Bernhardt, d'après Bastien-Lepage. Très belle épreuve, sur parchemin, avec *remarque, signée.*

ZURCHER (F.-W.).

749. Lion — Tigre — Oiseaux divers, 7 dessins à la mine de plomb (2 avec *dédicace* à Mme Sarah Bernhardt). *Ce n° pourra être divisé.*

750. Sous ce numéro, il sera vendu *par lots* des photographies de dessins et de peintures de maîtres anciens, souvenirs de voyages, des dessins et des estampes non catalogués.

ORDRE DE LA VACATION

Dessins, estampes et portraits.	N°s 708 à 750
Livres.	544 à 707

CHARTRES. — IMPRIMERIE DURAND, RUE FULBERT.

www.ingramcontent.com/pod-product-compliance
Ingram Content Group UK Ltd.
Pitfield, Milton Keynes, MK11 3LW, UK
UKHW022150170726
13837UKWH00004B/1909